Planificateur Mariage de :

....

....

SOMMAIRE

Check-list mariage .... p. 1

Première liste invités .... p. 3 - p. 5

Budget .... p. 7 - p. 10

Autres dépenses .... p. 11

PRESTATAIRES .... p. 13

Papeterie .... p. 15 - p. 16

Traiteur .... p. 17 - p. 18

Gateau de mariage .... p. 19

Lieu de réception .... p. 20

Cocktail .... p. 21

Animation .... p. 22

Photographe .... p. 23

Videaste .... p. 24

Fleuriste .... p. 25

Transport .... p. 26

Tenues & accessoires .... p. 27 - p.29

Mise en beauté .... p. 30 - p. 31

Décoration .... p. 32 - p. 33

Autres prestataires .... p. 34 - p. 37

TÉMOINS/ GARÇONS ET DEMOISELLES D'HONNEUR .... p. 39

Liste de témoins .... p. 41

Liste garçons et demoiselles d'honneur .... p. 42

Liste définitive invités .... p. 43 - p. 45

PLAN DE TABLE .... p. 47 - 49

IDÉE DE MENUS .... p. 51

VIN D'HONNEUR .... p. 52

DEROULEMENT CEREMONIE .... p. 53 - P. 54

FAIRE - PART .... p. 55

Idée texte invitation .... p. 57

Idée discours .... p. 58 - p. 61

Planning Jour J .... p. 62 - p. 64

To-do list .... p. 65 - p. 67

Contacts .... p. 70 - P. 72

Rendez-vous .... p. 73 - P. 76

Nuit de Noces / Lune de miel .... p. 77 - P. 79

Notes .... p. 80 - P. 88

Check-list mariage

Afin de préparer au mieux votre mariage, nous vous proposons ci-dessous un check-list de mariage, pour avancer plus sereinement dans vos préparatifs. Les dates ne sont données qu'à titre indicatif, ajustables en fonction de chacun.

J-18 mois

- Budget prévisionnel
- Première liste d'invités
- Fixer la date
- Selection lieux de réception
- Sélection traiteurs

J-12 mois

- Thème mariage
- Envoi save-the-date
- Sélection photographe et vidéaste
- Sélection robe de mariée
- Bouquet de mariage et décoration florale

J-8 mois

- Test traiteur et validation
- Choix final robe de mariée/costume marié

J-6 mois

- Envoi faire-part
- Réservation hébergement invités
- Test et validation coiffure et maquillage

J-4 mois

- Finalisation dossier mairie
- Liste d'invités définitive

J-2 mois

- Plan de table définitif

J-1 mois

- EVJF / EVG

Première liste des invités

Du coté de la mariée

Du coté du marié

Du coté de la mariée	Du coté du marié

Du coté de la mariée	Du coté du marié

Budget

DESIGNATION	ESTIMATION	COÛT REEL	ACCOMPTE	RESTE À PAYER

DESIGNATION	ESTIMATION	COÛT REEL	ACCOMPTE	RESTE À PAYER

Autres dépenses

DESIGNATION	ESTIMATION	COÛT REEL	ACCOMPTE	RESTE À PAYER

Prestataires

Papeterie - Prestataires

DESIGNATION	PRESTATAIRE	TARIF
FAIRE-PART	1.	
	2.	
	3.	
	4.	
Choix final		

Points importants à aborder avec les prestataires:

_____
_____
_____
_____

DESIGNATION	PRESTATAIRE	TARIF
	1.	
	2.	
	3.	
	4.	
Choix final		

Points importants à aborder avec les prestataires:

_____
_____
_____
_____

DESIGNATION	PRESTATAIRE	TARIF
	1.	
	2.	
	3.	
	4.	
Choix final		

Points importants à aborder avec les prestataires:

_____
_____
_____
_____

DESIGNATION	PRESTATAIRE	TARIF
	1.	
	2.	
	3.	
	4.	
Choix final		

Points importants à aborder avec les prestataires:

_____
_____
_____
_____

Traiteur - Prestataires

DESIGNATION	PRESTATAIRE	TARIF
	1.	
	2.	
	3.	
	4.	
Choix final		

Points importants à aborder avec les prestataires:

_____
_____
_____
_____

DESIGNATION	PRESTATAIRE	TARIF
	1.	
	2.	
	3.	
	4.	
Choix final		

Points importants à aborder avec les prestataires:

_____
_____
_____
_____

DESIGNATION	PRESTATAIRE	TARIF
	1.	
	2.	
	3.	
	4.	
Choix final		

Points importants à aborder avec les prestataires:

_____
_____
_____
_____

DESIGNATION	PRESTATAIRE	TARIF
	1.	
	2.	
	3.	
	4.	
Choix final		

Points importants à aborder avec les prestataires:

_____
_____
_____
_____

Gâteau de mariage

DESIGNATION	PRESTATAIRE	TARIF
	1.	
	2.	
	3.	
	4.	
Choix final		

Points importants à aborder avec les prestataires:

_____
_____
_____
_____
_____

DESIGNATION	PRESTATAIRE	TARIF
	1.	
	2.	
	3.	
	4.	
Choix final		

Points importants à aborder avec les prestataires:

_____
_____
_____
_____
_____

Lieu de Réception - Location

DESIGNATION	PRESTATAIRE	TARIF
	1.	
	2.	
	3.	
	4.	
Choix final		

Points importants à aborder avec les prestataires:

_____
_____
_____
_____

DESIGNATION	PRESTATAIRE	TARIF
	1.	
	2.	
	3.	
	4.	
Choix final		

Points importants à aborder avec les prestataires:

_____
_____
_____
_____

Cocktail/Réception - Location

DESIGNATION	PRESTATAIRE	TARIF
	1.	
	2.	
	3.	
	4.	
Choix final		

Points importants à aborder avec les prestataires:

_____
_____
_____
_____

DESIGNATION	PRESTATAIRE	TARIF
	1.	
	2.	
	3.	
	4.	
Choix final		

Points importants à aborder avec les prestataires:

_____
_____
_____
_____

Animation - Prestataire

DESIGNATION	PRESTATAIRE	TARIF
	1.	
	2.	
	3.	
	4.	
Choix final		

Points importants à aborder avec les prestataires:

_____
_____
_____
_____

DESIGNATION	PRESTATAIRE	TARIF
	1.	
	2.	
	3.	
	4.	
Choix final		

Points importants à aborder avec les prestataires:

_____
_____
_____
_____

Photographe - Prestataire

DESIGNATION	PRESTATAIRE	TARIF
	1.	
	2.	
	3.	
	4.	
Choix final		

Points importants à aborder avec les prestataires:

_____
_____
_____
_____

DESIGNATION	PRESTATAIRE	TARIF
	1.	
	2.	
	3.	
	4.	
Choix final		

Points importants à aborder avec les prestataires:

_____
_____
_____
_____

Videaste - Prestataire

DESIGNATION	PRESTATAIRE	TARIF
	1.	
	2.	
	3.	
	4.	
Choix final		

Points importants à aborder avec les prestataires:

_____
_____
_____
_____

DESIGNATION	PRESTATAIRE	TARIF
	1.	
	2.	
	3.	
	4.	
Choix final		

Points importants à aborder avec les prestataires:

_____
_____
_____
_____

Fleuriste - Prestataire

DESIGNATION	PRESTATAIRE	TARIF
	1.	
	2.	
	3.	
	4.	
Choix final		

Points importants à aborder avec les prestataires:

___
___
___
___

DESIGNATION	PRESTATAIRE	TARIF
	1.	
	2.	
	3.	
	4.	
Choix final		

Points importants à aborder avec les prestataires:

___
___
___
___

Transport - Prestataire - Location

DESIGNATION	PRESTATAIRE	TARIF
	1.	
	2.	
	3.	
	4.	
Choix final		

Points importants à aborder avec les prestataires :

DESIGNATION	PRESTATAIRE	TARIF
	1.	
	2.	
	3.	
	4.	
Choix final		

Points importants à aborder avec les prestataires :

Tenues - Accessoires

DESIGNATION	PRESTATAIRE	TARIF
ROBE MARIÉE	1.	
	2.	
	3.	
	4.	
Choix final		

Points importants à aborder avec les prestataires:

_____
_____
_____
_____

DESIGNATION	PRESTATAIRE	TARIF
COSTUME MARIÉ	1.	
	2.	
	3.	
	4.	
Choix final		

Points importants à aborder avec les prestataires:

_____
_____
_____
_____

DESIGNATION	PRESTATAIRE	TARIF
	1.	
	2.	
	3.	
	4.	
Choix final		

Points importants à aborder avec les prestataires:

DESIGNATION	PRESTATAIRE	TARIF
	1.	
	2.	
	3.	
	4.	
Choix final		

Points importants à aborder avec les prestataires:

DESIGNATION	PRESTATAIRE	TARIF
	1.	
	2.	
	3.	
	4.	
Choix final		

Points importants à aborder avec les prestataires:

_____
_____
_____
_____

DESIGNATION	PRESTATAIRE	TARIF
	1.	
	2.	
	3.	
	4.	
Choix final		

Points importants à aborder avec les prestataires:

_____
_____
_____
_____

Mise en beauté

DESIGNATION	PRESTATAIRE	TARIF
COIFFURE	1.	
	2.	
	3.	
	4.	
Choix final		

Points importants à aborder avec les prestataires :

_____
_____
_____
_____

DESIGNATION	PRESTATAIRE	TARIF
MAQUILLAGE	1.	
	2.	
	3.	
	4.	
Choix final		

Points importants à aborder avec les prestataires :

_____
_____
_____
_____

DESIGNATION	PRESTATAIRE	TARIF
	1.	
	2.	
	3.	
	4.	
Choix final		

Points importants à aborder avec les prestataires:

DESIGNATION	PRESTATAIRE	TARIF
	1.	
	2.	
	3.	
	4.	
Choix final		

Points importants à aborder avec les prestataires:

Décoration - Prestataire

DESIGNATION	PRESTATAIRE	TARIF
	1.	
	2.	
	3.	
	4.	
Choix final		

Points importants à aborder avec les prestataires :

_____
_____
_____
_____

DESIGNATION	PRESTATAIRE	TARIF
	1.	
	2.	
	3.	
	4.	
Choix final		

Points importants à aborder avec les prestataires :

_____
_____
_____
_____

DESIGNATION	PRESTATAIRE	TARIF
	1.	
	2.	
	3.	
	4.	
Choix final		

Points importants à aborder avec les prestataires:

DESIGNATION	PRESTATAIRE	TARIF
	1.	
	2.	
	3.	
	4.	
Choix final		

Points importants à aborder avec les prestataires:

Autres prestataires

DESIGNATION	PRESTATAIRE	TARIF
	1.	
	2.	
	3.	
	4.	

Points importants à aborder avec les prestataires:

_____
_____
_____
_____

DESIGNATION	PRESTATAIRE	TARIF
	1.	
	2.	
	3.	
	4.	

Points importants à aborder avec les prestataires:

_____
_____
_____
_____

DESIGNATION	PRESTATAIRE	TARIF
	1.	
	2.	
	3.	
	4.	

Points importants à aborder avec les prestataires:

_____
_____
_____
_____

DESIGNATION	PRESTATAIRE	TARIF
	1.	
	2.	
	3.	
	4.	

Points importants à aborder avec les prestataires:

_____
_____
_____
_____

DESIGNATION	PRESTATAIRE	TARIF
	1.	
	2.	
	3.	
	4.	

Points importants à aborder avec les prestataires :

DESIGNATION	PRESTATAIRE	TARIF
	1.	
	2.	
	3.	
	4.	

Points importants à aborder avec les prestataires :

DESIGNATION	PRESTATAIRE	TARIF
	1.	
	2.	
	3.	
	4.	

Points importants à aborder avec les prestataires:

DESIGNATION	PRESTATAIRE	TARIF
	1.	
	2.	
	3.	
	4.	

Points importants à aborder avec les prestataires:

Témoins

Demoiselles d'honneur

Garçons d'honneur

Liste des témoins

Du coté de la mariée

Du coté du marié

Liste Garçons d'honneur / Demoiselles d'honneur

Demoiselles d'honneur

Garçons d'honneur

Liste définitive des invités

Nombre total confirmé :

Plan de table

Table 1	Table 2	Table 3

Table 4	Table 5	Table 6

Table 7	Table 8	Table 9

Table 10	Table 11	Table 12

Table 13	Table 14	Table 15

Table 16	Table 17	Table 18

Table 19	Table 20	Table 21
Table 22	Table 23	Table 24
Table 25	Table 26	Table 27

Idée de menus

Entrées

Plats

Fromages

Desserts

Vin

Vin d'honneur

Déroulement cérémonie

Faire-part

Idée texte invitation / Faire-part

NOTES:

Idée discours

Discours de la mariée

Discours du marié

Planning jour J

HORAIRES	DESIGNATION

HORAIRES	DESIGNATION

HORAIRES	DESIGNATION

To-do list

CHOSES À FAIRE ✓

1.
2.
3.
4.
5.
6.
7.
8.

CHOSES À FAIRE	✓
1.	○
2.	○
3.	○
4.	○
5.	○
6.	○
7.	○
8.	○
	○
	○
	○
	○
	○
	○
	○
	○
	○
	○
	○
	○
	○
	○

CHOSES À FAIRE	✓
1.	○
2.	○
3.	○
4.	○
5.	○
6.	○
7.	○
8.	○
	○
	○
	○
	○
	○
	○
	○
	○
	○
	○
	○
	○
	○
	○

Contacts

Liste de contacts

Nom:	Nom:
Email:	Email:
Adresse:	Adresse:
Téléphone:	Téléphone:
Nom:	Nom:
Email:	Email:
Adresse:	Adresse:
Téléphone:	Téléphone:
Nom:	Nom:
Email:	Email:
Adresse:	Adresse:
Téléphone:	Téléphone:
Nom:	Nom:
Email:	Email:
Adresse:	Adresse:
Téléphone:	Téléphone:
Nom:	Nom:
Email:	Email:
Adresse:	Adresse:
Téléphone:	Téléphone:
Nom:	Nom:
Email:	Email:
Adresse:	Adresse:
Téléphone:	Téléphone:

Nom:	Nom:
Email:	Email:
Adresse:	Adresse:
Téléphone:	Téléphone:

Nom:	Nom:
Email:	Email:
Adresse:	Adresse:
Téléphone:	Téléphone:

Nom:	Nom:
Email:	Email:
Adresse:	Adresse:
Téléphone:	Téléphone:

Nom:	Nom:
Email:	Email:
Adresse:	Adresse:
Téléphone:	Téléphone:

Nom:	Nom:
Email:	Email:
Adresse:	Adresse:
Téléphone:	Téléphone:

Nom:	Nom:
Email:	Email:
Adresse:	Adresse:
Téléphone:	Téléphone:

Nom:		Nom:	
Email:		Email:	
Adresse:		Adresse:	
Téléphone:		Téléphone:	

Nom:		Nom:	
Email:		Email:	
Adresse:		Adresse:	
Téléphone:		Téléphone:	

Nom:		Nom:	
Email:		Email:	
Adresse:		Adresse:	
Téléphone:		Téléphone:	

Nom:		Nom:	
Email:		Email:	
Adresse:		Adresse:	
Téléphone:		Téléphone:	

Nom:		Nom:	
Email:		Email:	
Adresse:		Adresse:	
Téléphone:		Téléphone:	

Nom:		Nom:	
Email:		Email:	
Adresse:		Adresse:	
Téléphone:		Téléphone:	

Rendez-vous

Rendez-vous

Date/heure	Désignation

Date/heure	Désignation

Date/heure	Désignation

Nuit de Noces et Lune de miel

Notes

Printed in France by Amazon
Brétigny-sur-Orge, FR